Quedlinburg

Uwe Gerig

Quedlinburg

Die schönsten Seiten

SUTTON

Danksagung

Unser Dank gilt der Stadt Quedlinburg, besonders Frau Bahß, für die Abdruckgenehmigung der Innenaufnahmen von den Quedlinburger Museen und der Kirche St. Blasii. Außerdem danken wir Herrn Egner von der Domschatzverwaltung für die zur Verfügung gestellten Fotos vom Stiftsschatz und der Krypta der Stiftskirche. Herrn Frank Mente danken wir für die Abdruckgenehmigung der Bilder der Kirche St. Benedikti.

Bildnachweis

S. 10/11: Elmar Egner M.A., Domschatzverwaltung Quedlinburg.
Alle anderen Aufnahmen: Uwe Gerig.

Impressum

Sutton Verlag GmbH
Hochheimer Straße 59
99094 Erfurt
www.suttonverlag.de

ISBN: 978-3-95400-447-8

Gestaltung und Satz: Sutton Verlag
Druck: Florjančič Tisk d.o.o. | Slowenien

Umschlaginnenseite vorn: Der Marktplatz mit dem Rathaus.
Umschlaginnenseite hinten: Blick vom Münzberg auf Schloss und Stiftskirche.

Die erste deutsche Hauptstadt

Vor mehr als tausend Jahren muss die Stelle, auf der sich heute Quedlinburg ausbreitet, dicht bewaldet gewesen sein. Im dichten Unterholz verbargen sich wilde Tiere: Wölfe, Luchse und Bären. Noch viel früher, in der Bronzezeit (1700–700 v. Chr.), hatten Siedler das Plateau des hochaufragenden Sandsteinfelsens befestigt. Die erste Burg soll dort ein Adliger namens Quitilo um 500 v. Chr. gegründet haben – Quitilingaburg. Mitten in der heutigen Stadt, am Finkenherd, habe man Sachsenherzog Heinrich, so die Legende, im Frühling 919 beim Vogelfang die deutsche Königskrone angetragen. Historiker wissen es besser: Die Königswahl erfolgte beim Reichstag in Fritzlar. Boten müssen dem jungen Herzog die Meldung von seiner Wahl überbracht haben. König Heinrich I. ließ die Siedlung daraufhin umgehend befestigen. Dessen Frau Mathilde gründete hier 937 ein Damenstift für Adlige, das dem Papst unmittelbar unterstellt wurde.

Könige und Kaiser des sächsischen Stammes schlugen im 10. und 11. Jahrhundert regelmäßig ihre Hoflager in Quedlinburg auf, manchmal siegelten die hohen Herrschaften auch wichtige Reichsurkunden. So wurde der Ort am Harzrand immer wieder zum Mittelpunkt des Reiches, mit Quedlinburg als Hauptstadt. Von der heutigen deutschen Hauptstadt Berlin existierte damals noch nicht einmal der Name!

Die letzten Herrscher, die nach Quedlinburg kamen, waren König Philipp 1207 und dessen Neffe, Kaiser Friedrich II., 1213 und 1217. Dann wurde es erst einmal ganz still in der Geschichte der Stadt. Nachdem die deutschen Herrscher und deren große Gefolge Quedlinburg den Rücken zugekehrt hatten, fiel die Stadt am nördlichen Harzrand in einen jahrhundertelangen Dornröschenschlaf.

Im Zweiten Weltkrieg blieb Quedlinburg von Zerstörungen verschont, erst die vierzig Jahre Sozialismus danach hätten der Stadt bald den Garaus gemacht. 1990 war die Mehrzahl der über 2.000 denkmalgeschützten Fachwerkhäuser in einem beklagenswerten Bauzustand. Mit der beeindruckenden Hilfe von außen allein wäre die positive Bilanz aber undenkbar. Auch Quedlinburger sanierten als Bauherren ihre Häuser und präsentieren sie stolz an den Tagen des offenen Denkmals.

Als eines der größten Flächendenkmale Deutschlands – mit seinem erhaltenden Stadtgrundriss, der Fachwerkarchitektur und der ottonischen Geschichte – wurde die Stadt 1994 von der UNESCO zum Weltkulturerbe erhoben. Die romanische Stiftskirche mit dem wertvollen Schatz und die Häuser rings um den gerade mit schlichten Steinen neu gepflasterten Marktplatz sind beliebte Fotomotive für die zahlreichen Tagestouristen.

Wer länger bleibt und Ausflüge mit der Selketal-Schmalspurbahn ab Quedlinburg in den nahen Harz unternimmt, kommt am Abend zurück in die stille Kleinstadt, in der die Gassen so seltsame alte Namen tragen wie „Hölle“, „Pölle“, „Stieg“ oder „Klink“, in der am Abend wieder die Glocken der Kirche St. Aegidien läuten und wo ein historisch kostümierter Nachtwächter mit aufmerksamen Gästen seine Runden dreht.

Die Stiftskirche

Die Stiftskirche St. Servatius und das Schloss der Äbtissinnen auf einem Sandsteinfelsen sind die weithin sichtbaren Stadtdominanten von Quedlinburg. Vom Waldgebiet auf der Altenburg aus ist die Aussicht besonders eindrucksvoll. Links sind die kleinen Fachwerkhäuser auf dem Münzenberg zu sehen, in der Mitte die beiden Türme der Nikolaikirche, rechts das Schloss und die Stiftskirche.

Der wuchtige Monumentalbau der romanischen Stiftskirche St. Servatius wurde als Wahrzeichen von Quedlinburg gemeinsam mit der historischen Altstadt 1994 in die Liste der Stätten des Weltkulturerbes der UNESCO aufgenommen. Auch auf Glasfenstern und historischen Postkarten wurde das Architekturdenkmal verewigt. Die Türme wurden in ihrer Form bis heute immer wieder verändert.

In der romanischen Krypta der Stiftskirche St. Servatius soll der erste deutsche König, Heinrich I., begraben sein, der am 2. Juli 936 in der Pfalz Memleben starb. Seine sterblichen Überreste wurden aber niemals gefunden. Kirche und Burganlage waren der Lieblingsaufenthaltsort der königlichen Familie. Alle romanischen Mauern aus Sandstein sind bis heute erhalten. Die Skulptur des seltsamen Schweinehundes an einer der Eingangspforten stammt aus jüngster Zeit und wurde 1968 vom Bildhauer Heinrich Apel geschaffen. Im Kirchenschiff finden Konzerte statt. Der wertvolle Stiftsschatz mit dem Samuhel-Evangeliar, einem Bergkristallflakon aus Ägypten, dem Reliquienkasten Ottos I. und anderen historischen Kostbarkeiten kann – hochgesichert – in zwei winzigen Kämmerchen von Besuchern bestaunt werden.

Das Schloss

Das Renaissanceschloss der Äbtissinnen war bis zur Auflösung des Stifts im Jahre 1802 Regierungssitz. Nebenan steht auf dem Plateau die romanische Stiftskirche. Vom tiefer gelegenen Schlossgarten aus, der mit zahlreichen steinernen Putten geschmückt ist, haben Besucher einen beeindruckenden Blick auf die Häuser der Altstadt. Das Gartenrestaurant des „Schlosskrugs" bietet außer der Aussicht auch Kulinarisches.

STRASSE
DER
ROMANIK
tiftskirche
Servatius
H 80

Der Aufstieg zum Burgberg ist beschwerlich und führt zuletzt durch einen Torbogen des einstigen Schlosses der Äbtissinnen. Heute ist der Renaissancebau ein Museum. Gemälde, kostbare Möbel und Fußböden, prähistorische Funde und Grabbeigaben sowie herrliche Ausblicke aus den Fenstern auf die Altstadt lohnen den Besuch. Ein besonderes Ausstellungsstück ist der historische „Raubgrafenkasten“, in dem Albrecht II. von Regenstein 1337 gefangen gehalten und öffentlich zur Schau gestellt wurde.

Quedlinburg liegt im Windschatten am Nordrand des Harzes. Oft türmen sich deshalb dunkle Wolkengebirge am Himmel über der Altstadt. Vom Schlossgarten oder vom Münzenberg aus bietet sich ein eindrucksvolles Panorama. Über den roten Ziegeldächern der Fachwerkhäuser sind die Türme der Marktkirche, der Kirche St. Blasii, der Kirche St. Nikolai und einige Stadtmauertürme zu sehen.

Der Münzenberg

Im Jahre 986 stiftete Äbtissin Mathilde ein Marienkloster auf dem der Stiftskirche gegenüberliegenden Münzenberg. Nach der Reformation wurde es aufgelöst. Arme Quedlinburger, Tagelöhner und Bettelmusikanten siedelten sich dort an und bildeten bald eine kleine Stadt in der Stadt mit winzigen Fachwerkhäuschen. 98 Treppenstufen führen heute auf den Münzenberg. Von der Terrasse des Cafés aus haben die Gäste eine schöne Aussicht auf den Burgberg und die Altstadt.

Die seltsam geformte Esse der einstigen Klosterbrauerei gilt als Wahrzeichen des Münzenbergs. Fast alle der winzigen Wohnhäuser wurden gründlich saniert. Viele Grünpflanzen und kleine Vorgärten schmücken die Gassen. Sehenswert ist vor allem ein kleines Museum mit einem originalgetreu wiederhergestellten mittelalterlichen Kopfnischengrab.

12
12

GEBORNE
GÜNTHER DEN 6APREL 1796

Die Wiperti-Kirche

Vom Wiperti-Friedhof sind die nahen Türme der Stiftskirche zu sehen. Einige Äbtissinnen und berühmte Quedlinburger vergangener Jahrhunderte wurden dort begraben. Im 10. Jahrhundert gehörte das Areal zum ottonischen Königshof der Quedlinburger Pfalz. Die romanische Kirche mit Krypta wurde zwischen 996 und 1548 von Benediktinermönchen, später als Prämonstratenser-

Kloster genutzt. Auf dem einstigen Klostergelände ließ Gutsbesitzer Baensch um 1890 eine schlossähnliche Villa mit pseudohistorischem Turm errichten. Eindrucksvoll sind auf dem Wiperti-Friedhof vor allem die vielen Grüfte und Mausoleen. Einige Grüfte werden noch immer für neue Bestattungen genutzt.

Der Finkenherd

Der sächsische Herzog Heinrich soll sich im Jahre 919, so die Sage, unterhalb des Burgberges mit dem Vogelfang vergnügt haben, als ihm ein Bote die Nachricht überbrachte, er solle erster König des Ostfrankenreiches werden. Der Finkenherd, seit Jahrhunderten mit spitzgiebeligen Fachwerkhäusern bebaut, wird deshalb bis heute als historischer Platz gewürdigt, obwohl die Krönung Heinrichs an einem ganz anderen Ort beschlossen wurde, beim Reichstag in Fritzlar.

Der Brühlpark und das Klopstockdenkmal

Der jahrhundertealte Wald des Wiperti-Klosters, zwischen der Bode und dem Mühlgraben am Stadtrand gelegen, wurde in der Zeit des Barock zum Stadtpark Brühl umgestaltet und erst 2006 gründlich denkmalgerecht saniert. Sehenswert sind zwei Denkmale für berühmte Quedlinburger: Karl Friedrich Schinkel und Christian Friedrich Tieck schufen 1831 eine Erinnerungsstätte für den Dichter Friedrich Gottlieb Klopstock (oben). Dem in Quedlinburg geborenen Carl Ritter, später ein bedeutender Geograf, wurde 1865 ein Denkmal im neogotischen Stil gewidmet.

Der Schlossberg

Das imposante Fachwerkhaus am Schlossberg Nr. 12 mit dem säulengestützten Erker ist das Geburtshaus von Friedrich Gottlieb Klopstock (geboren 1724), dem bedeutenden deutschen Dichter. Heute befindet sich in diesem Architekturdenkmal ein Museum mit Erinnerungsstücken an in Quedlinburg geborene Persönlichkeiten wie Klopstock, den Turnpädagogen Johann Christoph GutsMuths, den Maler Wilhelm Steuerwald, den Geografen Carl Ritter und die erste deutsche promovierte Ärztin Dorothea Erxleben.

Die alten Fachwerkhäuser unterhalb des Burgberges sind im Sommer wie im Winter beliebte Fotomotive für Touristen. Etwas versteckt, durch einen Torbogen zu erreichen, ist die Lyonel-Feininger-Galerie, der wichtigste Sammlungsort für Grafiken des deutsch-amerikanischen Künstlers in Europa. Der Quedlinburger Architekt Dr. Hermann Klumpp war ein Schüler Feiningers am Bauhaus. Er nahm einen Teil von Feiningers Kunstsammlung in seine Obhut, als jener wegen der Verfemung von Künstlern in der Zeit des Nationalsozialismus in die USA emigrieren musste.

Die Mühlenstraße

Wer sich als Tourist mit einer Pferdekutsche durch die Mühlenstraße fahren lässt, hat immer einen tollen Ausblick auf die Türme der Stiftskirche. Auch von der Rittergasse oder vom Hotel „Schlossmühle“ aus kann das übermächtige Architekturdenkmal bewundert werden. Fast unscheinbar auf der alten Stadtmauer steht das kleine Gartenhaus des Dichters Klopstock (links oben).

Die Lange Gasse

Das Wassertor wurde schon 1861 abgebrochen. Von jener Stelle aus sind die markanten Stützmauern des Burgberges und die Türme der Stiftskirche besonders gut zu sehen. In der Wassertorstraße stehen vor allem sehr kleine Wohnhäuser aus dem frühen 18. Jahrhundert, während die angrenzende Lange Gasse von prächtigen Bürgerhäusern mit steinernem Unterstock und Fachwerkaufbauten aus dem 17. Jahrhundert gesäumt wird.

·VON·ECKSTEDT·
·MARIA·VON·HAGEN·
Hagenscher·Freihof

Der Wordpark

Wer Quedlinburg zu Fuß erkundet, wird immer wieder überrascht sein, welche Ausblicke sich auf die bekannten Sehenswürdigkeiten bieten. Die in sich verschachtelten Bauten des hoch über der Altstadt gelegenen Äbtissinnenschlosses sind besonders vom Wordgarten aus gut zu erkennen. In diesem Park in der Nähe des Marktplatzes steht ein einziges Fachwerkhaus. Unter Feinschmeckern ist das Restaurant in diesem Gebäude als sehr gute Adresse bekannt.

Word
Haus

Die Carl-Ritter-Straße

Die Carl-Ritter-Straße, benannt nach dem in Quedlinburg geborenen späteren deutschen Geografen, markiert die historische Grenze zwischen der Altstadt und dem Burgbezirk mit Stiftskirche und Schloss. Neben den kleinen Wohnhäusern aus dem 18. Jahrhundert sind in jüngster Zeit auch einige Neubauten entstanden, die bei den Quedlinburgern nicht nur Zustimmung finden.

ZENTRUM

Der Fleischhof

Der historische Fleischhof, ein großer Kaufmannshof, grenzte unmittelbar an die südliche Stadtmauer und war mit Speichern, Wohnbauten und dem markanten Turm ein dominantes Quedlinburger Profanbauwerk zur Renaissancezeit. Auf dem Hof steht noch immer ein Taubenturm. Einzelne Teile des Architekturensembles wurden bereits saniert.

Bunte
Hof
TÖPFEREI

Die ehemaligen Handelshöfe in unmittelbarer Marktnähe werden auch heute noch gewerblich genutzt. In einem dieser Häuser befindet sich das Deutsche Fachwerkzentrum mit einer Ausbildungsstätte für junge Handwerker. Haus Nr. 14 beherbergt die einzige noch funktionsfähige Brauerei Quedlinburgs mit großen kupfernen Sudkesseln im Gastraum. Der viel fotografierte Gärtnerjunge-Brunnen soll an alte Saatzuchttraditionen erinnern.

Die Hohe Straße

Wer die Altstadt mit dem touristischen Rundfahrtbus erkundet, wird an der Ecke von der Alten Topfstraße und der Hohen Straße am Gebäude „Weißer Engel“ vorbeigefahren. Dieser Steinbau mit Fachwerkaufsatz war im 17. Jahrhundert eine Herberge für vornehme Besucher des nahe gelegenen Stifts. Der Saal im Obergeschoss ist mit allegorischen Figuren geschmückt. Die Hohe Straße, heute gesäumt von kleinen Geschäften, war im Mittelalter der wichtigste, mit Kutschen zu befahrene Verbindungsweg zwischen Marktplatz und Äbtissinnenresidenz.

MARTHA SCHMALZ
MODE & WÄSCHE

Die Wordgasse

Der sogenannte Ständerbau, ein im frühen 14. Jahrhundert erbautes Fachwerkhaus, gehört zu den ältesten Gebäuden dieser Art in Deutschland. Auf einer Grundschwelle wurden rings um den Baukörper ungeteilte, sechs Meter lange Ständerbalken eingefügt und diese mit waagerecht verlaufenden Querbalken für die Hausetagen verbunden. Geflochtene Weidenhölzer und Lehm füllten die Gefache aus. Eine sehr einfache, aber auch sehr praktische Bauweise, die den Besuchern heute in dem Gebäude (Fachwerkmuseum) an Modellen erläutert wird.

Fachbegriffe des
DIE DEKORATION

Die Pfarrkirche St. Blasii

Die kleinste Quedlinburger Kirche dürfte älter sein, als ihre erste urkundliche Erwähnung 1231 vermuten lässt. Nach Umbauten ist St. Blasii heute eine einschiffige, barocke Kirche von länglichem, achteckigem Grundriss mit schmalem, gotischem Altarraum, ohne Querschiff. Der Turm stammt aus frühromanischer Zeit. Er wird gekrönt von zwei spitzen Helmen mit Wetterfahnen. Das Innere der St.-Blasii-Kirche wird heute als Konzert- und Ausstellungshalle genutzt.

Der Marktplatz

Das Bild des Quedlinburger Marktplatzes, aufgenommen vom Turm der Marktkirche aus, macht die Dimensionen des Platzes deutlich und zeigt, wie gering die Entfernung zu den Harzbergen ist. Gesäumt wird der langgestreckte Platz vor dem Rathaus von großen Fachwerkhäusern und dem barocken Grün-

hagenhaus, 1701 von einem Tuchhändler erbaut und später viele Jahre Wohnsitz des Bürgermeisters (siehe Seite 53). 994 hatte Kaiser Otto III. dem Damenstift, das Quedlinburg regierte, die Markt-, Münz- und Zollrechte verliehen. Die Bürger durften ab 1038 auch freien Handel im gesamten Reich treiben.

Haus Grünhagen

Das ehemalige Gildehaus der Lohgerber mit dem zweistöckigen Fachwerkerker und einem Zwerchhaus unterhalb des Dachfirsts ist heute ein Hotel. Gegenüber können Touristen auch im traditionsreichen Hotel „Zum Bär“ logieren. Wer eine Pause einlegen möchte, findet am Markt diverse Cafés.

Am Mittwoch und Samstag wird der Wochenmarkt veranstaltet. Familie Fiedler hält seit Jahrzehnten die Stellung und bietet frische Blumen aus ihrer Gärtnerei an. Viele Gärtnereien gibt es in der einstigen deutschen Saatzuchtmetropole aber leider nicht mehr. Im historischen Fachwerkhaus von 1560 mit der farbigen Fassade (oben links) befindet sich ein traditionsreiches Spielzeuggeschäft. Die Münzberger Musikanten erinnern an eine besondere Musiktradition.

minitextil

Bibliotels.com

Das Rathaus

An der Südwestecke des Rathauses, neben dem zweigeschossigen, fensterlosen, spätgotischen Eckturm, steht der steinerne Roland. Er ist nur 2,75 Meter groß und damit die kleinste unter den bekannten steinernen Rolandsfiguren. Das Rathaus wird der Bauepoche der Frühgotik zugerechnet und wurde in seinem Grundriss bis heute kaum verändert. Zur Marktseite 25 Meter breit, 17 Meter hoch und mit einem steilen, gegliederten Satteldach versehen, zeugt der repräsentative Bau von der einstigen Wohlhabenheit der Quedlinburger Bürger. Den Ziergiebel an der Ostseite, ein Anbau von 1899/1901, schmücken mehrere Plastiken. Sie stellen die Köpfe damaliger Ratsherren dar. Das runde, farbige Glasfenster im Sitzungssaal zeigt eine Szene aus der Stadtgeschichte.

Der „Kaiserfrühling“

Vor eintausend Jahren versammelten sich die Herrscher des Reiches zur Osterzeit in Quedlinburg, um wichtige Staatsangelegenheiten zu besprechen, gemeinsam zu tafeln und im Harz auf die Jagd zu gehen. Dieses historische Ereignis spielen die Mitglieder eines Traditionsvereins jetzt mit dem

„Kaiserfrühling“ nach. Zuerst ziehen sie durch die Altstadt, dann versammeln sie sich auf den Rathausstufen zum Gruppenbild. Die Krönungszeremonie für Heinrich I. hat der Quedlinburger Bildhauer Jochen Müller mit einem originellen Denkmal nachempfunden. Leider steht dieses Kunstwerk sehr weit entfernt vom Zentrum – vor dem Geschäftsgebäude des Sponsors, der Sparkasse, in der Turnstraße.

Der Marktkirchhof

Bis zum Jahre 1811 wurde der innerstädtische Friedhof neben der Marktkirche für Begräbnisse genutzt. Eine repräsentative barocke Gruftkapelle, 1726 im Auftrag der Kaufmannsfamilie Gebhard erbaut, ist erhalten geblieben. In den am Marktkirchhof stehenden Fachwerkhäusern Nr. 7 und 8 ließ die Stadtverwaltung einst Hebammen, Stadtpfeifer und Ordnungshüter unterbringen. Bei Volksfesten wird heute neben der Kirche gelegentlich ein Kinderkarussell in Betrieb genommen. Zur Weihnachtszeit stehen dort illuminierte Verkaufsbuden.

Jesaiæ 26.v.19.
HErr deine Todten werden leben und mit
dem Leichnam auferstehen Wachet auf und rüh=
met die ihr lieget unter der Erden.

Die Marktstraße

Das Haus Nr. 5, das Schneemelcherhaus, wurde 1562 errichtet und ist wegen der prächtigen Fachwerkornamente ein Beispiel für den Reichtum einiger Quedlinburger Kaufleute in der Renaissancezeit. Die lateinische Inschrift in gotischen Minuskeln an der Fassade wird als Bekenntnis des Bauherren gewertet. Sie lautet in deutscher Übersetzung: „Die ersten Häuser zu bauen, lehrte die Not. Dieselben erweiterte die liebende Bequemlichkeit. Wenn die Lust dazu kommt, die kein Maß kennt, wird es Sünde.“ Das Haus Nr. 2, der Kunsthoken, stammt aus dem Jahre 1535. Dort befindet sich auch die Endstation des touristischen Rundfahrtbusses.

Die Marktkirche St. Benedikti

Die spätgotische Hallenkirche entstand auf den Grundmauern einer dreischiffigen romanischen Basilika und wurde 1233 erstmals urkundlich erwähnt. Eine Besonderheit des Gotteshauses besteht darin, dass sich unter dem Fußboden Gräber befinden. Reiche Bürger konnten sich in der Kirche eine Grabstelle kaufen, „um nahe bei Gott zu liegen“. Die Begräbnisplätze einzelner Familien lassen sich heute noch lokalisieren. Der barocke Hochaltar aus dem Jahre 1700 versinnbildlicht mit Gemälden und Plastiken die Botschaft von Leben und Auferstehung. Die überlebensgroße Holzfigur des heiligen Nikolaus mit der Harfe steht am Eingang zur Kalandskapelle.

Vom Säulengang des Lindenbeinturmes aus sind die Altstadt und die Marktkirche besonders gut zu sehen. Ursprünglich standen am Ende des Langhauses von St. Benedikti zwei große Glockentürme. Immer wieder schlugen dort Blitze ein: erst im Südturm, der ausbrannte und mit einem Walmdach

abgedeckt wurde, dann 1701 im Nordturm, der mit der Türmerwohnung wieder hergerichtet wurde. Von dort aus können Besucher Quedlinburg aus ungewöhnlicher Vogelperspektive betrachten. Der Zugang zum Lindenbeinturm ist vom nahegelegenen Hotel an der Wallstraße möglich.

Die Wallstraße und der Lindenbeinturm

Georg Lindenbein, ein wohlhabender Quedlinburger, machte seiner Frau ein besonderes Geschenk: Er ließ die Reste eines alten Stadtmauerturmes sanieren, aufstocken und mit einer begehbaren Galerie versehen. Nebenan verfügte er von 1898 bis 1904 auf einem 12.000 Quadratmeter großen Grundstück den Bau einer burgenähnlichen Villa im neogotischen Stil. Dieses Gebäude, das heute ein Hotel beherbergt, erhielt als eines der ersten in der Stadt einen Telefonanschluss und eine Zentralheizung. Entlang der Wallstraße verlief einst die Stadtmauer. Einige kleinere Türme stehen noch.

Neuendorf und St. Mathildis

Die Häuser dieser Gasse waren 1989 noch Ruinen. Das gesamte Viertel nördlich des Marktplatzes sollte abgerissen und mit modifizierten Plattenbauten „modernisiert" werden. Glücklicherweise kam die „Wende" dazwischen und ein stadtgeschichtlich wichtiger Teil Quedlinburgs wurde gerettet. Am Anfang der Gasse, seitlich etwas versetzt, war ab 1855 die St.-Mathildis-Kirche entstanden. Dombaumeister Friedrich von Schmidt, der bedeutendste neugotische Architekt Österreichs, hatte das Gotteshaus erbaut. Die Fachwerkhäuser der angrenzenden Bornstraße sind im Sommer immer mit Blumen geschmückt.

Die Schmale Straße

Das Wohnhaus Nr. 7 mit dem eindrucksvollen geschnitzten Engelkopf am Eckständerbalken ist ein Beispiel für eine besonders gelungene Sanierung in Quedlinburg. Der barocke Fachwerkbau aus dem Jahre 1690 mit dem steilen Ziegeldach und verschiedenen Zierformen im Oberstock, Schiffskehlen und Rautenkreuzen, bildet einen architektonischen Kontrast zu mehreren Neubauten gegenüber. Direkt an der ehemaligen Stadtmauer steht mit dem dreistöckigen Wohnhaus Nr. 33 ein barockes Eckgebäude mit Zwerchhaus von 1740.

Der Schreckensturm

Das vierzig Meter hohe Bauwerk an der einstigen Stadtmauer gehörte im mittelalterlichen Quedlinburg zu den höchsten Türmen der Befestigungsanlagen. 1996/97 wurde der markante Turm umfassend saniert. Mehr als 80 Treppenstufen führen nach oben zur Aussichtsetage. Von dort aus bietet sich ein beeindruckendes Bild von der Altstadt. Leider wird der Turm nur auf Nachfrage im Rathaus geöffnet. Dendrochronologische Untersuchungen an den verwendeten Eichenbalken ergaben einen wahrscheinlichen Fällzeitpunkt zwischen 1389 und 1403. Danach könnte der Turm errichtet worden sein. Wahrscheinlich wurde das Turmverließ auch als Gefängnis genutzt, daher stammt der volkstümliche Name „Schreckensturm“.

ZONE

Die St.-Aegidii-Kirche

Wenn der Morgenhimmel rot gefärbt ist oder sich ein Regenbogen über dem Turm der wahrscheinlich ältesten Quedlinburger Pfarrkirche zeigt, ist das Bild dieses sanierten Baudenkmals besonders eindrucksvoll. Mitglieder eines Fördervereins bemühen sich seit Langem, die Kirche als Kulturzentrum zu nutzen. Dank Spenden konnte die historische Orgel restauriert werden. Auf dem einstigen Friedhof rings um die Kirche sind zahlreiche barocke Grabdenkmale zu sehen.

Die Goldstraße

Die unmittelbar neben dem Schreckensturm stehenden Fachwerkhäuser Nr. 12 und 13 wurden im Jahre 1661 erstmals erbaut, wie die Inschrift am Schwellbalken ausweist. Ein Schuhmachermeister (Nr. 12) und ein Bäcker (Nr. 13) betrieben dort als Letzte ihr Handwerk. Bis in die 1970er-Jahre waren alle Gebäude in der Straße noch bewohnt. Dann sollte das historische Viertel komplett abgerissen und mit Plattenbauten „modernisiert“ werden. Das wurde 1989 zum Glück verhindert. Heute sind die meisten Häuser saniert.

Die Breite Straße

Das Haus Nr. 34, ein das Straßenbild beherrschender ehemaliger Handelshof, entstand um 1660. In den drei Stockwerken waren Lager und Wohnungen untergebracht. Andere Baudenkmale in der Straße sind von ähnlicher Größe. Eine mit verschiedenen Ornamenten besonders reich gestaltete Fassade weist der 1612 erbaute Kaufmannshof „Zur Rose“ auf, in dem sich heute eine Gaststätte befindet. Wappen, Blendarkaden und geschnitzte Brüstungsbohlen zeugen vom Formenreichtum der Baukunst in der Zeit der Renaissance. Mehrere Gaststätten laden zudem in der Straße zum Verweilen ein.

BECK'S

Die Umgebung im Jahresverlauf

Quedlinburg liegt in einer abwechslungsreichen Landschaft am nördlichen Harzrand. Im Frühjahr leuchtet das Gelb der Rapsfelder, im Sommer erstrecken sich Getreidefelder bis zum Horizont, im Herbst sind die Sandsteinfelsen am Lehof besonders fotogen und im Winter sehen Stadt und Umgebung bei gelegentlichem Schneefall wie Märchenkulissen aus vergangenen Zeiten aus.

Der Schuhhof

Der nur einen Meter breite Durchgang unter dem 1554 erbauten ehemaligen Gildehaus der Schuhmacher ist die Verbindung von der Breiten Straße in unmittelbarer Nähe zum Marktplatz zur winzigsten Gasse von Quedlinburg. Im Schuhhof hatten einst die Schuhmacher der Stadt ihre Wohnungen und Werkstätten. Heute befinden sich in den kleinen Fachwerkhäusern ein Antiquariat und ein Fachwerkhotel mit dem ungewöhnlichen Namen „Vorhof zur Hölle". Wer dort ein Zimmer bucht, bewohnt zu zweit eines der fünf gründlich sanierten Häuschen mit modernem Komfort. Aus den Fenstern der Häuser 3, 4 und 5 blicken die Gäste auf einen der letzten historischen Taubentürme Quedlinburgs.

Die Hölle

Wer durch den Schuhhof gelaufen ist – Autos können dort nicht fahren – kommt geradewegs in die Hölle. Die Gasse heißt seit dem Mittelalter so. Ihr Name ist sehr alt, aber vieldeutig. Eine Erklärung dafür lautet so: Ursprünglich galt als Hölle ein einzeln stehendes, steinernes Haus (Nr. 11) an jener Stelle, eine kleine Wasserburg mit einem sehr großen Rauchabzug, der schwarz wie die Hölle ausgesehen haben soll. In der Gasse können Touristen auch das große Fachwerk-Eckhaus „Alter Klopstock" mit schönen Fassadenornamenten bewundern.

DENKMAL

Die Gasse Steinbrücke

Das einst sehr sumpfige Gelände zwischen dem Marktplatz und der alten Neustadt wurde ab 1229 mit einer 103 Meter langen Steinbrücke überquert. Später wurden auf den 23 Brückenbögen Wohnhäuser errichtet. Heute ist die Gasse Steinbrücke ein Fußgängerbereich mit zahlreichen Geschäften. Während der Bauepoche des Jugendstils entstand 1903 das hohe Geschäftshaus Nr. 11 mit einer sehr attraktiven Fassadengestaltung. Münzenberger Musikantendarstellungen sind an einem 1867 entstandenen Brüstungsgitter und seitlich davon zu finden.

Pölle, Stieg und Mummental

Der Fachwerkbau mit dem mächtigen Giebel (Haus Nr. 12) wurde 1680 in der Pölle erbaut, einem vormaligen Sumpfgebiet. Gegenüber steht eines der größten Quedlinburger Fachwerkhäuser (Nr. 45), Baujahr 1673. Am Haus Nr. 39 erinnert eine Gedenktafel daran, dass dort 1759 Johann Christoph Friedrich GutsMuths geboren wurde. Auf dem Mummentalplatz nebenan haben Bewunderer des späteren Turnpädagogen ihm 1904 ein beeindruckendes Denkmal aufgestellt. Hinter dem großen Tor im Haus Nr. 32 waren im städtischen Marstall einst die Kutschen der Bürgermeister geparkt. Im Stieg wirbt eine Pizzeria in einem historischen Haus mit farbigen Stühlen vor der Tür um Gäste.

Der Klink

Zwischen Bockstraße und Klink steht auf der Grenze der früheren Alt- und Neustadt ein Schloss im Renaissancestil – das Hagen'sche Freihaus, das heute ein Hotel beherbergt. Christoph von Hagen soll zwischen 1564 und 1566 der Auftraggeber für diesen Bau nach italienischem Vorbild gewesen sein. Im Hagen'schen Freihaus wohnte der Stiftshauptmann. Gegenüber befindet sich das nicht weniger repräsentative St.-Annen-Hospital, das vor fünfhundert Jahren von der reichen Innung der Gewandschneider und Tuchhändler gestiftet wurde. Sanierte Wohnhäuser aus dem 17. Jahrhundert säumen die Straße Klink (rechts unten).

6

Die Bockstraße

Urkundlich wurde die schmale Gasse, die heute eine Fußgängerzone mit zahlreichen Geschäften ist, erstmals im 14. Jahrhundert erwähnt. Von der Bockstraße aus sind die beiden hohen Türme der St.-Nikolai-Kirche gut zu sehen. Haus Nr. 5 ist ein dreistöckiger Fachwerkbau von 1660, der einst als Adelshof genutzt wurde. Am historischen Kaufmannshof (Haus Nr. 12), um 1650 mit einer reich verzierten Fassade errichtet, wurde eine Gedenktafel für den Buchhändler H. C. Huch angebracht, der 1880 einer der Gründer des Harzklubs war.

WYNDHAM
GARDEN
Malchert Seit 1919
Mode- & Silberschmuck
KARAT
REDUZIERT

Stiftsklause
Stiftsklause
Stiftsklause

In der Vorweihnachtszeit werden nicht nur der Marktplatz, sondern auch zahlreiche Innenhöfe der Altstadt festlich geschmückt. Es ist zur Tradition geworden, dass sich beim „Advent in den Höfen“ lokale Künstler und Kunsthandwerker mit ihren Arbeiten vorstellen. In den vielen kleinen Verkaufsbuden werden auch Leckereien aller Art angeboten.

Der Kornmarkt

Der Quedlinburger Ratsherr Röttger Salfeldt ließ 1734 am Kornmarkt ein steinernes Palais für repräsentative Zwecke errichten, das viele Jahre lang – abgesehen vom Rathaus – eines der wenigen Steinbauten in der Stadt blieb. Nach gründlicher Sanierung durch die Deutsche Stiftung Denkmalschutz ist der dreistöckige Bau mit der Barockfassade heute ein wichtiges Kultur- und Tagungszentrum. Im Haus Nr. 8 befindet sich seit 1578 die Adler- und Ratsapotheke. Eine Kanonenkugel im Mauerwerk soll von einer frühen kriegerischen Auseinandersetzung stammen. Haus Nr. 7 war einst ein Kaufmannshof, in dem auch die Ratswaage gestanden hatte.

ANTIK
SOUVENIR
ANTIK-ERSATZTEILE

Der Steinweg

Der sechseckige Erker am 1683 erbauten Fachwerkhaus „Zur Börse“ ist einmalig in Quedlinburg. Das Eckgebäude wurde als Kornhandelsbörse und Gasthaus genutzt. Am vorspringenden langgestreckten Zwerchhaus sind im oberen Bereich noch Ladeluken zu erkennen. Schräg gegenüber steht ein zehn Jahre jüngeres ehemaliges Kaufmannshaus, das polnische Handwerker in den 1970er-Jahren saniert haben. Die großen Toreinfahrten an anderen Gebäuden am Steinweg lassen eine frühere Nutzung als Bauernhöfe vermuten. In der parallel zum Steinweg verlaufenen Straße Augustinern wohnten ärmere Quedlinburger in kleinen Fachwerkhäusern.

Die GutsMuths-Straße

Quedlinburgs einzige Badeanstalt ist das in der Zeit des Deutschen Kaiserreiches erbaute, kleine Hallenbad. Das unter Denkmalschutz stehende Gebäude aus dem Jahre 1908 mit dem dominierenden Fachwerkgiebel und der aufwendig gestalteten Freitreppe zeigt auch ein künstlerisch sehr originell gestaltetes Stadtwappen mit dem kleinen Hündchen „Quedel". Am Stadtbad fließt der Mühlgraben vorbei. Der nahe gelegene „Kaiserhof" (linke Seite), 1894/96 im Stil eines Renaissancepalais errichtet, hat heute durch massive Bauschäden nur noch wenig vom einstigen Glanz als größter Ballsaal der Stadt zu bieten. Die kleine Dammstraße, die mit sanierten Fachwerkhäusern und einem zum Wohnhaus umfunktionierten Werkstattgebäude bebaut ist, wurde schon 1460 urkundlich erwähnt.

St.-Nikolai-Kirche und Kirchhof

Zwei Hirten hüteten im Norden von Quedlinburg am linken Bodeufer ihre Herde. Plötzlich wühlten die Tiere im Boden eine große Braupfanne auf, die gefüllt war mit Goldstücken. Aus diesem Gold ließen die Hirten die Nikolaikirche bauen. Die beiden Hirten mit ihren Hunden wurden an den beiden Türmen als Steinfiguren verewigt. Die Türme sind mit 72 Metern die höchsten der Stadt und überragen die Marktkirche der reichen Kaufleute und die Stiftskirche der adligen Damen beträchtlich. Im Inneren der Nikolaikirche sind der Hohe Chor aus dem Mittelalter, die Kanzelfigur und der große Taufengel von 1693 sehenswert. Rings um den Kirchhof stehen kleine Wohnhäuser.
Ein Medaillon am Pfarrhaus erinnert daran, dass dort 1715 Dorothea Christiane Erxleben geboren wurde, die erste promovierte deutsche Ärztin.

Mente
PARKSCHEIN-AUTOMAT

Hinter der Mauer / Kaiserstraße

In der alten Neustadt siedelten sich im frühen 13. Jahrhundert Bauern an, die durch kriegerische Auseinandersetzungen aus den Dörfern der Umgebung vertrieben worden waren. Viele Wohngebäude mit großen Hoftoren erinnern noch heute daran, dass sich in den Gehöften Stallungen und Remisen für landwirtschaftliche Geräte befanden. Die erhalten gebliebenen Wehrtürme an der Stadtmauer heißen noch immer Gänsehirtenturm oder Kuhhirtenturm. In der Kaiserstraße ducken sich kleine Fachwerkhäuser unter den uralten hochgewachsenen Bäumen.

Der Mathildenbrunnen und die Pölkenstraße

Der Neustädter Marktplatz mit dem monumentalen Mathildenbrunnen wird von den beiden hohen Türmen der St.-Nikolai-Kirche überragt. Ringsum stehen barocke und klassizistische Häuser aus dem 18. und 19. Jahrhundert mit farbenfroh gestrichenen Fassaden. Besonders eindrucksvoll ist der 1671 errichtete Fachwerkbau des Hotels „Goldene Sonne“ mit dem steilen Dach und der großen Toreinfahrt. Am Ende der Pölkenstraße, wo sich einst das Pölkentor befand, durfte sich ein Architekt mit einem Neubau profilieren.

P
mit Parkschein
P

bergwerk
bergwerk

Die Heiligegeiststraße

Die Straße mit dem frommen Namen wurde oft umbenannt. Sie sollte ab 1902 mit der Heiliggeistkirche an ein Stift erinnern, das zu jener Zeit abgebrochen wurde. An gleicher Stelle entstanden große Wohn- und Geschäftshäuser im Jugendstil. Das Paul-Deter-Haus beherbergt traditionell die größte Buchhandlung der Stadt. Ein Standbild von Melanchton befindet sich vor dem Bildungshaus, einer vormaligen Schule. Als Quedlinburg noch Kreisstadt war, waren im Gebäude mit dem steinernen preußischen Adler nebenan alle Behörden untergebracht. Das originelle Denkmal der beiden Herren soll die Erinnerung an die historische Freimaurerloge bewahren.

Schreibwaren

Gernrode und Harzgerode

Vom Quedlinburger Bahnhof dampfen die Züge der Selketal-Schmalspurbahn in den nahen Harz. Die Kleinstadt Harzgerode mit der alle Häuser überragenden Bergkirche St. Marien ist eine der Endstationen. Im Kurort Alexisbad steht an der Selke eine vom Baumeister K. F. Schinkel projektierte klassizistische Kapelle. Alle Wälder im Selketal sind vor allem im Herbst während der Laubfärbung besonders attraktiv. Schutzpatron der dreischiffigen Emporenbasilika in Gernrode ist der heilige Cyriakus. Die Kirche mit den zwei spitzen Turmhelmen gehört zu den bedeutendsten romanischen Bauten im Harzvorland.

99 7243-1
P
P

Wie eine Spielzeugeisenbahn sieht der Dampfzug der Selketalbahn aus, der an Rapsfeldern vorbei von Gernrode nach Quedlinburg dampft. Dampfzüge der Harzer Schmalspurbahn fahren von Quedlinburg durch den Harz bis zum Brocken – eine Tagesreise. Besonders im Herbst sind Wanderungen im Selketal zwischen Alexisbad und Mägdesprung sehr reizvoll.

Die Burg Falkenstein und Ballenstedt

Am östlichen Rand des Harzes, ungefähr dreißig Kilometer von Quedlinburg entfernt, entstand um 1080 hoch über dem Selketal eine Burg mit mehreren Zwingeranlagen und drei Vorburgen. Die mitten im Wald gelegene Burg Falkenstein ist heute mit Rittermuseum und Falknerei ein beliebtes Ausflugsziel. Auch Ballenstedt ist sehenswert. Albrecht der Bär, der Gründer des Hauses Anhalt, wurde 1170 in der Krypta der romanischen Schlosskapelle begraben. Seine Vorfahren hatten schon im Jahre 1043 neben dem Schloss ein Kollegiatstift gegründet, das 1123 in ein Benediktinerkloster umgewandelt wurde. Ab 1765 Residenzstadt des Fürstentums Anhalt-Bernburg, schmückte sich Ballenstedt 1788 mit einem frühklassizistischen Theaterbau (rechte Seite, oben) und einem Schlosspark, in dem noch heute eine Riesenfontäne zu bewundern ist.

SCHLOSSTHEATER

Josephskreuz, Stolberg und Bodetal

Das Josephskreuz, südlich von Quedlinburg im Harz gelegen, ist ein technisches Denkmal der besonderen Art. Der 38 Meter hohe, eiserne Aussichtsturm auf dem Auerberg (580 Meter) wurde 1896 erbaut. Mehr als 100.000 Nieten sollen die 120 Tonnen schwere Konstruktion zusammenhalten. Das

benachbarte Stolberg ist eine mustergültig sanierte, kleine Fachwerkstadt mit Schloss und Rathaus als besonderen Sehenswürdigkeiten. Die bizarre Felsenformation der Teufelsmauer und das Bodetal bei Thale sind einzigartige Naturschönheiten. Ein Bergtheater ist per Schwebeseilbahn zu erreichen.

Buchhinweise

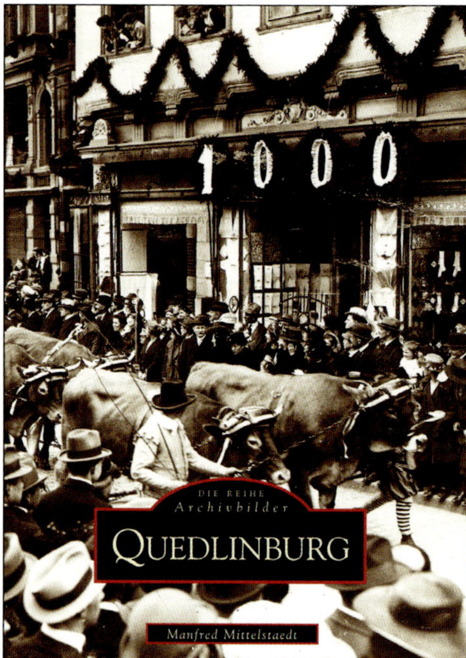

Quedlinburg

Manfred Mittelstaedt

ISBN: 978-3-89702-560-8

17,90 €

Halberstadt

Werner Hartmann

ISBN: 978-3-89702-222-5

18,99 €

Buchhinweise

Aschersleben

Herbert Hans Müller

ISBN: 978-3-86680-163-9

17,90 €

Wernigerode

Hermann D. Oemler

ISBN: 978-3-86680-096-0

18,99 €

Weitere Bücher finden Sie unter:

www.suttonverlag.de